Walter Leisner
Situationsgebundenheit des Eigentums – eine überholte Rechtssituation?

Schriftenreihe
der
Juristischen Gesellschaft zu Berlin

Heft 119

W
DE
G

1990
Walter de Gruyter · Berlin · New York

Situationsgebundenheit des Eigentums – eine überholte Rechtssituation?

Von
Walter Leisner

Vortrag
gehalten vor der
Juristischen Gesellschaft zu Berlin
am 29. November 1989

W
DE
G

1990
Walter de Gruyter · Berlin · New York

Professor Dr. *Walter Leisner,*
Lehrstuhl für dt. Recht
an der Universität Erlangen – Nürnberg

CIP-Titelaufnahme der Deutschen Bibliothek

Leisner, Walter:
Situationsgebundenheit des Eigentums – eine überholte
Rechtssituation? : Vortrag gehalten vor der Juristischen
Gesellschaft zu Berlin am 29. November 1989 / von Walter
Leisner. – Berlin ; New York : de Gruyter, 1990
  (Schriftenreihe der Juristischen Gesellschaft e. V. Berlin ; H. 119)
  ISBN 3-11-012543-9
NE: Juristische Gesellschaft ⟨Berlin, West⟩: Schriftenreihe der
  Juristischen...

Um mit Konrad Adenauer zu sprechen: „Die Situation ist da" – für das Eigentum Privater, schon seit langem, bedrohlich aber kaum bewußt: die Situationsgebundenheit des Eigentums. Hier wirkt die stille Macht der Richter, der Richterstaat über dem Gesetzesstaat[1]; nicht nur als horizontaler Übergang von einem Zustand in den anderen, etwa im Sinne von Marcic, muß die Entwicklung ja gedeutet werden, sondern vor allem auch „vertikal", im Sinne eines Richterstaats, der über dem Gesetzesstaat, oft auf dessen geistigen Trümmern noch, errichtet wird. Den rechtlichen Überbau in unserer Zeit errichten die Richter vor allem, hoch noch über den Gesetzgeber hinaus. In ihm zeigen sich nicht bei jeder Entwicklung des politischen Substrats sogleich jene Risse, welche so oft den Zusammenbruch der Gesetzesgebäude ankündigen.

Der Verfassungsstaat hat den Richtern, der ganzen Judikative, nicht nur dem Bundesverfassungsgericht, in den wuchtigen Großformeln des Grundgesetzes ein mächtiges Vermächtnis anvertraut, das sie seit Jahrzehnten unverdrossen, wahrhaft treu und beharrlich, erfüllen: Große Formeln zu praktikablen Sub-Formeln zu verdichten, zu „konkretisieren", wie man dies ohne viel dogmatische Klarheit zu nennen bereit ist. Bei jenem eigentümlichen Eigentum sehen sie sich dazu vor allem herausgefordert, die Ariopagiten von Karlsruhe und Berlin. In die zugigen Riesengewölbe der Verfassung, des Art. 14 GG, in denen eben auch der Geist der Freiheit wehen möchte, wie er will, müssen sie, so scheint es doch, wohnliche Behausungen einbauen, in denen die gemeinschaftsverpflichteten Träger des grundgesetzlichen Menschenbildes[2] zusammenfinden, sich auf Dauer in judikativer Kontinuität, rechtsstaatlich einrichten können. Und die Richter selbst vor allem finden dort feste Räume für ihr sodann weiter konkretisierendes Denken.

Leicht geschieht es allerdings, daß man sich allzu wohl fühlt in diesen Räumlichkeiten, in welche eines Tages sogar der eigenartig-nostalgische Charme der Rechtsantiquität einziehen mag. Dann verselbständigen sich die schönen, beruhigenden Formeln, das Richterrecht wird klüger als die Richter, läßt sie in immer weitere Höhen hinauf, in Weiten hinaus richten. Die einst treffende Formel „sitzt" so gut, daß sie – zum bequemen Richtersessel wird.

Ein solches Phänomen wollen wir heute, in gebotener Eklektik, von einigen Seiten kritisch beleuchten: Die ständig gebrauchte und nur selten

---

[1] *Marcic, R.,* Vom Gesetzesstaat zum Richterstaat, 1957.
[2] Vgl. BVerfGE 18, S. 112 (117); 39, S. 1 (67 f.).

kritisch vertiefte Formel von der „Situationsgebundenheit des Eigentums"[3]. Entwickelt worden ist die Formel in der Judikatur des BGH[4] und des Bundesverwaltungsgerichts[5]. Ihre Bedeutung nimmt in der Praxis ständig zu[6]. Es handelt sich heute bereits um die wohl wichtigste Rechtsfigur des gesamten Agrarrechts, des Natur- und Landschaftsrechts, bald wird dies vielleicht auch für das Umweltschutzrecht überhaupt gelten. Die Anwendung auf das gewerbliche Eigentum wird bereits gefordert[7].

Diese seit einiger Zeit nahezu unverändert in der Rechtsprechung tradierte Allgemeinformel lautet: „Befugnisse, die zur Nutzung oder Benutzung von Grundstücken, von Eigentumsgütern allgemein, berechtigen, unterliegen einer Sozialbindung insbesondere darin, daß alle Arten der Nutzung oder Benutzung der jeweiligen ‚Lage' des Grundstücks oder sonstigen Eigentumsguts, seiner ‚Situation' und der sich daraus im allgemeinen Interesse ergebenden ‚Situationsgebundenheit' entsprechen müssen"[8]. Diese „Situation" war ursprünglich[9] sicher eine lokal zu bestimmende Kategorie, es ging eben um „die Lage eines bestimmten Grundstücks in einer bestimmten Landschaft"; es wird sich aber gerade fragen, ob dem Begriff der „Situation" nicht eine so große Virtualität innewohnt, daß er darüber weit hinauswachsen kann. Damit aber kommen wir dann zu unserem pointiert formulierten Thema: Ist nicht diese Situationsgebundenheit, ursprünglich fest „in der konkreten, ‚natürlichen' Landschaft verankert", nun in der Rechtsprechungsentwicklung durch die politisch-soziale Evolution derart überholt, bis zur Konturlosigkeit ausgeschliffen worden, daß dies, vom ursprünglichen Begriffsverständnis her gesehen, geradezu als eine „überholte Rechtssituation" bezeichnet werden muß – wobei es dann eine Wertungsfrage ist, ob man dies im Sinne einer positiven oder negativen Entwicklung versteht...

---

[3] Grundlegend dazu vor allem *Weyreuther, F.*, Die Situationsgebundenheit des Grundeigentums, 1983; siehe ferner allg. *Papier, H. J.*, Maunz-Dürig, GG, Art. 14, Rdn. 324 ff.

[4] Überblick zur Rspr. bei *Krohn/Löwisch*, Eigentumsgarantie, 3. Aufl. 1984, Rdn. 82 ff.; siehe im einzelnen vor allem BGHZ 30, S. 338 (342/3); 72, S. 211 (216/7); 77, S. 351 (353); 87, S. 66 (72 f.); BGH LM Nr. 5 zu Art. 14 (C b) GG; BGH NJW 1977, S. 945; BGH NJW 1980, S. 2299.

[5] Siehe für viele BVerwGE 15, S. 1 (2); 17, S. 315 (318); 26, S. 111 (119 f.); 32, S. 173 (178); 49, S. 365 (368); BVerwG Buchholz 406.11 § 35 BBauG Nr. 113, S. 96 (101 f.); siehe auch bereits BVerwGE 3, S. 335; 4, S. 57 (60).

[6] Siehe *Gassner, E.*, NVwZ 1982, S. 165 (166).

[7] So etwa von *Seibel-Schwiedernoch, C.*, NJW 1985, S. 592 ff.

[8] Vgl. in diesem Sinne etwa BGHZ 77, S. 351 (354).

[9] Siehe etwa Buchendom-Urteil, BGH DÖV 1957, S. 669.

Im folgenden wollen wir die heute bereits zu beobachtenden, für das Eigentumsgrundrecht aus unserer Sicht höchst bedenklichen Erweiterungstendenzen der „Situationsgebundenheit" betrachten, wobei wir insbesondere zwei Tendenzen behandeln werden:

- Von der Situationsgebundenheit nach lange schon bestehender Lage zur „Situationsgebundenheit in jeder neu geschaffenen Lage", und
- von der Situationsgebundenheit an einen „tatsächlichen", nicht (primär) rechtlich geschaffenen Zustand hin zur „Situationsgebundenheit zur Disposition des Rechts".

Sodann soll noch einiges aus dieser Sicht hinzugefügt werden zu den Bestrebungen, verwirklichte Nutzung gegenüber der nur „möglichen" zu prämieren und schließlich zu jenem ominösen „vernünftigen Eigentümer", dessen Bild die Judikatur in diesem Zusammenhang zu zeichnen versucht.

Vor diesen Kurzkapiteln aber noch einige Worte zu einer Grundfrage verfassungsrechtlicher Dogmatik: dem Verhältnis von „Sozialpflichtigkeit des Eigentums" und dessen „Situationsgebundenheit".

Die „Situationsgebundenheit des Eigentums", in ihrer eben dargestellten Umschreibung, wirft das Grundproblem der heutigen Verfassungsdogmatik des Eigentumsgrundrechts überhaupt auf, doch dies wird noch längst nicht überall klar gesehen: ob es sich nämlich bei den aus der Situation angeblich oder wirklich sich ergebenden Bindungen um Beschränkungen handelt, welche dem Eigentum Privater und dessen Schutzbereich an sich immanent, also bereits „im Begriff des Eigentums mitgedacht" sind – oder ob sie im Wege eines staatlichen Eingriffs (nicht notwendig einer Verletzung) in diesen Schutzbereich hineingelegt werden. Im ersteren Fall würde es sich um immanente Grundrechtsschranken handeln, ein Begriff, der uns in der Dogmatik der vorbehaltlos garantierten Grundrechte, insbesondere der Art. 4 (religiöse und weltanschauliche Freiheit) und 5 Abs. 3 GG (Wissenschaftsfreiheit), auch in der Rechtsprechung des Bundesverfassungsgerichts, seit langem begegnet[10]. Wird jedoch die Realisierung der Situationsgebundenheit als ein Eingriff in den Schutzbereich des Art. 14 Abs. 1 GG verstanden, so kann dies dogmatisch nur als eine „Bestimmung von Inhalt und Schranken des Eigentums" gewertet werden, welche der Gesetzgeber zu leisten hat, wobei er an die vom Bundesverfassungsgericht aufgestellten Grenzen, insbesondere die Grundentscheidung für das freie Eigentum, sich stets zu halten hat.

---

[10] *Herzog, R., Maunz-Dürig,* GG, Art. 4, Rdnr. 89 ff. (91); BVerfGE 28, S. 243 (260 f.); BVerfGE 30, S. 173 (191 ff.).

Daß für Zivilrichter diese dogmatische Unterscheidung nicht leicht verständlich und daher schwer ihrer Judikatur zugrunde zu legen ist, mag durchaus begreiflich sein.

In den meisten der oben zitierten Urteile wird die Situationsgebundenheit zwar ausdrücklich als Ausdruck der Sozialbindung, damit der Sozialpflichtigkeit des Eigentums verstanden, insoweit also in ihrer Realisierung seitens des Staates oder Dritter – im Umweltschutz etwa – ein Eingriff in das Eigentum gesehen, der aber nach der Verfassung zulässig sei und den Eigentümer in der Regel nicht zur Forderung einer Entschädigung berechtige. Gegen diesen Ansatz ist grundsätzlich grundrechtsdogmatisch nichts einzuwenden. Bedenklich sind allerdings Formulierungen, die sich ebenfalls in der Rechtsprechung finden, nach denen Konkretisierungen der Situationsgebundenheit „nicht eigentlich" eine Beeinträchtigung oder Verkürzung der Dispositionsfreiheit des Eigentums bedeuten sollen, weil dessen „Funktion" gar nicht so weit reiche[11]. Abgesehen davon, daß der Hinweis auf „Funktionen" des Eigentums an sich schon höchst problematisch ist – der BGH gibt an dieser Stelle selbst zu, daß es sich doch um eine „Belastung" des Eigentums handelt. Dann aber sollte man darin nicht immanente Schranken sehen: Belastet werden kann nur etwas, was vor Eintritt dieser Belastung eben auch – unbelastet gedacht werden kann. Nicht anders ist ja auch jene häufig mißverstandene Formulierung des § 903 BGB zu begreifen, nach der nicht etwa die gesetzlich zulässigen Einschränkungen des Beliebens des Eigentümers nur deklaratorischen Charakter für das haben, was dem Eigentümer bereits „an sich" aus dem Begriff des Eigentums heraus, verboten ist; vielmehr begreift das BGB diese – zulässigen – Einschränkungen eben als Beschränkungen von außen durch Staatsgewalt, in diesem Sinne also als Formen der Sozialbindung. Hier liegt auch der grundlegende Unterschied zu der rein deklaratorischen Feststellung, daß ein gewisser Naturbereich überhaupt, sozusagen ab origine, gar nicht zum Eigentum gehört, so etwa der höhere Luftraum oder das Grundwasser[12].

Festzustellen ist also: Die Sozialbindung kann stets nur wirken als eine Form von Eingriffsvorbehalt in das Eigentum; es wird hier nicht etwa festgestellt, daß es in ihrem Bereich „von Anfang an gar kein Eigentum gebe" – denn sonst dürfte ja der Eigentümer das insoweit ihm nicht gehörende Gut gar nicht nutzen, auch nicht, solange eine Konkretisierung der Sozialgebundenheit nicht erfolgt ist; davon aber kann nicht die Rede sein.

---

[11] So etwa BGHZ 30, S. 338 (342/3); BGH LM Art. 14 (C e) GG, Nr. 24.
[12] BVerfGE 58, S. 300.

Dogmatische Klarheit ist hier unumgänglich: Die Situationsgebundenheit beschränkt, als Ausdruck der Sozialbindung, Besitz, Nutzung, Verwaltung und Verfügung des Eigentümers; soweit ihn der Staat jedoch nicht im Namen derselben in Anspruch nimmt, steht ihm all dies zu freiem Belieben zu. Er kann seine Bäume schlagen, solange ihm dies nicht durch Baumordnung oder Natur- und Landschaftsschutz verboten ist, solange etwa nicht ein „Naturdenkmal" (Buchendomfall) diesem seinem Belieben Schranken setzt. Die Konkretisierung der Situationsgebundenheit ist daher stets erforderlich, sie wirkt konstitutiv gegen den Eigentümer. Anderenfalls müßte der Eigentümer vor der Konkretisierung gezogene Nutzungen an den Staat abliefern. Er hätte dann ja, angesichts einer bereits „an sich wirkenden" Situationsgebundenheit seine (früheren) „Eingriffe in Natur und Landschaft" als „Grenzüberschreitung gegenüber der Gemeinschaft" erkennen und daher mit derartigen späteren Ansprüchen rechnen müssen.

Daraus ergibt sich auch, daß diese „Situationsgebundenheit" stets der legislativen Konkretisierung bedarf, oder der administrativen, welche sich dabei auf ein Gesetz stützen kann. „Unmittelbar aus der Verfassung heraus" wirkt diese Form der Sozialbindung nicht[13]. Aus der Sicht der Rechtsstaatlichkeit wäre eine andere Auffassung unerträglich, und das Bundesverfassungsgericht hat immer wieder besonders betont, daß der Gesetzgeber eben klar Inhalt und Schranken des Eigentums bestimmen müsse – gerade aus diesem Grunde kann dann aber hier auch von „immanenten Schranken" nicht gesprochen werden; sie bedürfen keiner solchen Konkretisierung.

Auch ein der „Situationsgebundenheit" unterliegender Teil des Schutzbereichs des privaten Eigentums gehört also „an sich" zum Eigentum. Die in der Rechtsprechung gelegentlich gebrauchte Wendung, diese Bereiche gehörten „nicht eigentlich" zum Eigentumsinhalt[14], sollte – wie im juristischen Sprachgebrauch überhaupt – „eigentlich nicht verwendet werden".

Man mag sich über dieses Ergebnis – Situationsgebundenheit als (im allgemeinen zulässiger) Eingriff in das Eigentum, aber eben doch als ein Eingriff – noch verständigen können. Zu beschwören bleibt die große Gefahr – wir begegnen ihr nicht nur hier –, daß sich Eingriffsermächtigungen, die „in aller Regel" ausgenutzt werden dürfen, bald in „immanente Schranken" verwandeln, weil angeblich der Gesetzgeber etwas bereits „mitgedacht" habe, was im Grunde nur der Richter – weiterdenkt. Dies ist eine grundsätzliche Gefahr, in der unser dogmatisches Denken heute steht.

---

[13] Bedenklich also etwa *Kreft, F.*, FS für Hauß, 1978, S. 209 f.; dagegen zutreffend *Gassner, E.*, NVwZ 1982, S. 165 (167/8).
[14] Vgl. BGHZ 30, S. 338 (343).

Doch nun zu den Erweiterungen, ja Ausuferungen des Begriffs der „Situation" und der sich aus ihr ergebenden Bindungen. Daß „Situation" etwas ganz Konkretes, höchst Beschränktes, ja in gewissem Sinne Einmaliges anspricht, liegt bereits in diesem Wort. Von vorneherein sollte also größte Vorsicht dort herrschen, wo es zu Erweiterungen kommt, in etwas wie eine „globale Lage" hinein. Dann „sitzt die Situation nicht mehr so fest" wie sie es aber nach unserem ursprünglichen Sprachverständnis immer sollte.

Betrachten wir zunächst den zeitlichen Horizont, dort droht die Situationsgebundenheit aus der ihr ursprünglich eigenen temporären Verankerung gerissen zu werden.

Hier ergibt sich nun bereits ein sprachliches Problem: „Situation" ist ein einprägsames, aber ein recht inhaltsarmes Wort. Wir haben uns neuerdings insbesondere daran gewöhnt, von „wechselnden Situationen" überall zu sprechen; darin sollte eigentlich die Vorstellung zum Ausdruck kommen, daß „die" Situation, jeweils für sich betrachtet, schon eine bestimmte Beständigkeit in sich aufweist, daß sie allerdings dann auch wechseln kann. Die Entwicklung bietet hier aber, schon rein sprachlich, weithin ein anderes Bild: „Situation" wird immer mehr bereits als etwas Kontingentes, der Zeit Unterworfenes angesehen. Dies zeigt sich vor allem bei der Situationsgebundenheit des Eigentums.

Ursprünglich ging man davon aus, die Situation müsse eine bestimmte Stabilität in der Zeit aufweisen, der Zeitfaktor spiele hier eine nicht dynamisierende, sondern eine kontinuitätsbewahrende Rolle. Wenn das Grundstück ursprünglich vor allem als „Bestandteil der Landschaft" gesehen wurde[15], in einer Lage, die „naturgegeben" ist[16], und nicht das Ergebnis zufälliger Veränderungen darstellt[17], wenn sie sogar von der Natur der Sache her[18] vorgezeichnet erscheint, oder wie sonst die vielgestaltigen Formulierungen lauten mögen – so kann kaum ein erst seit kurzem bestehender Zustand gemeint sein.

Vergessen wir vor allem nicht: Die Situationsgebundenheit kommt als Begriff aus dem Bodenrecht, und die Lage eines bestimmten Grundstücks kann in aller Regel nicht ein plötzlich eingetretener oder gar ein hinsichtlich seiner Dauer kontingenter Zustand sein. Dann nämlich wäre die Sachangepaßtheit an die Belange des Bodenrechts völlig verfehlt, welche gerade dieser Sozialbindungsformel dort eine gewisse Überzeugungskraft

---

[15] Dazu *Ebersbach, H.*, AgrarR 1972, S. 129 (133).
[16] Siehe BGHZ 23, S. 30 (33); 60, S. 126 (130).
[17] BGHZ 60, S. 126 (134).
[18] BGHZ 60, S. 145 (147); BGH NJW 1967, S. 1855 (1856).

verleihen konnte: „Grundstücke ändern sich eben" in ihrer Lage im engeren Sinn überhaupt nicht, auch die weitere Umgebung beeinflußt ihre „Situation" nur marginal. Die entscheidende Überzeugungskraft zieht aber doch die Formel von der Situationsgebundenheit gerade aus der Berücksichtigung der Interessen des Eigentümers: Ihm widerfährt kein Unrecht durch sie, er hat, als er das Grundstück erwarb oder erbte, es dann behalten hat, dessen Lage gekannt und einkalkulieren müssen. Sich mit dieser abzufinden, mag nun wirklich als eine „Verpflichtung gegen sich selbst", im Rahmen einer selbstverständlichen Eigentümerverantwortung sich selbst gegenüber, erscheinen. Der Besitzer mußte mit dieser Belastung rechnen, konnte sich seit langem darauf einstellen, schon deshalb ist sie gesetzlich „zumutbar", gerade jenem aktiven Eigentümer gegenüber, der über sein Gut wacht, die Entwicklungen von dessen Wert und Ertrag beobachtet. Das Buchendom-Urteil des BGH war wirklich der Ausgangspunkt dieser Situationsgebundenheits-Judikatur, das dort geschützte Naturdenkmal bestand eben seit langer Zeit, und deshalb wird auch sachgerecht in den Entscheidungen häufig ausdrücklich auf die Situationsgebundenheit von jeher[19] oder „von Alters her" bestehender Lagen[20] hingewiesen.

Dieser durchaus vernünftige Ausgangspunkt wird dann jedoch verlassen, wenn jede Veränderung „in der Umgebung" des Grundstücks, des Eigentumsguts überhaupt, sogleich auch schon als eine Modifikation von dessen Situationsgebundenheit erscheint, mag sie auch im Wege einer völlig unvorhersehbaren, politisch kontingenten, ja einer kurzatmigen Modeentwicklung sich vollziehen. Man muß sich einmal folgendes vergegenwärtigen: Im Buchendom-Urteil, in den ursprünglichen Erkenntnissen zur Situationsgebundenheit, ging es um die natürliche, geradezu seit unvordenklichen Zeiten bestehende Lage eines Grundstücks, seine dadurch geprägten besonderen Qualitäten. Nun aber könnte von Situationsgebundenheit auch etwa in folgendem Fall gesprochen werden: Eine kleine Gemeinde weist, aus welchen Gründen immer, in großem Umfang Bauboden aus, durch Ansiedlung von Industrien wächst die Bevölkerung in wenigen Jahren sprunghaft; derartige Fälle sind erlebt worden. Das Erholungsbedürfnis der Bevölkerung wandelt sich dadurch rasch und vollständig. Soll nun wirklich dadurch mit einem Mal, aufgrund einer politischen Entscheidung, eine völlig andere Situationsgebundenheit bei allen umliegenden Grundeigentümern gegeben sein? Was ist hier von den Begründungen des Buchendom-Urteils überhaupt noch erhalten? Hat

---

[19] Vgl. etwa BGHZ 60, S. 126 (134).
[20] Siehe z. B. BGH LM Nr. 3 zu Art. 14 (C b) GG.

sich nicht eine völlige Mutation der Begründungskraft des Situationsbegriffs, eine totale Ausschleifung dieser Begrifflichkeit vollzogen? Was kann man denn da nicht unter „Situation" verstehen, wann und in welche Richtung könnte diese dann nicht verändert werden?

„Situationsgebundenheit des Eigentums" – das sollte in erster Linie dem Eigentümer eine gewisse rechtsstaatliche Sicherheit geben, dahingehend, mit welchen Eingriffen des Staates in seine Verfügungs- und Nutzungsbefugnis er denn nun rechnen müsse. Der Begriff ist doch nicht etwa nur geprägt worden, um die Eigentümer zugunsten der Allgemeinheit zurückzudrängen; so verstanden wäre er ja, blanketthaft aufgefaßt, mit der Rechtsstaatlichkeit unvereinbar, jedenfalls ohne vernünftigen Aussagegehalt. Wenn der Eigentümer jede Veränderung seiner Umwelt sogleich auch als eine solche der Sozialbindung entschädigungslos hinzunehmen hat, dann bricht letztlich das gesamte Eigentumsrecht zusammen, die Anerkennung eines neuen, bisher gar nicht gesehenen, nun aber für lebenswichtig erklärten Gemeinschaftsbelangs kann dann ja ohne weiteres unter die Situationsgebundenheit subsumiert werden. Damit aber verliert das Wort jeden Inhalt – es bedeutet nichts anderes mehr, als daß Eigentümer eben alle Belange von einigem Gewicht, die sich um sie herum entwickeln, und gleich zu welcher Zeit dies geschieht, entschädigungslos hinzunehmen und sich darauf einzurichten haben. Dies aber kann nicht der Sinn des Eigentumsgrundrechts sein; wer so fremdes Eigentum belasten will, der soll eben dafür auch bezahlen müssen, und gerade der Allgemeinheit ist dies auch zuzumuten.

Man wird schwerlich bestreiten können, daß diese Entwicklungsgefahren in einem extensiv verstandenen Begriff der Situationsgebundenheit lauern. Wird dieser nicht immer wieder zurückbezogen auf seinen Ausgangspunkt, die Lage eines Grundstücks in der konkret abgegrenzten Landschaft, Bindungen, welchen es dadurch seit längerem unterliegt – dann verliert der Begriff jede Kontur, Kontinuität ist hier durch Kontingenz „überholt" im eigentlichen Sinne, besser: völlig überrannt.

Praktisch bedeutet dies die Forderung, aus der Eigentumsdogmatik heraus: Eine gewisse zeitliche Kontinuität müssen Situationsbindungen immer aufweisen, längere Zeit hindurch müssen sie bereits bestanden haben, bevor man dem Eigentümer in ihrem Namen den Verzicht auf Nutzungen seines Eigentums ansinnen darf. Dann behält das Wort Situation einen greifbaren Sinn und fügt sich in die Rechtsstaatlichkeit ein.

Ein weiteres Problem, an dem wir die Ausuferung der Situationsgebundenheit erkennen können, stellt sich wie folgt: Soll diese „Situation" des Eigentumsgutes ein primär oder gar ausschließlich tatsächlich entstandener Zustand sein, oder kann er auch, und zwar in beliebigem Umfang, rechtlich (neu) geschaffen werden? Die Berührungen mit der eben behandelten Problematik liegen auf der Hand, doch diese Frage dringt eben nun noch tiefer ein und sie führt zu einem prinzipiellen Bedenken: Wenn sich der Staat auf Situationsgebundenheit eines Grundstücks berufen kann, nicht weil dieses in einer bestimmten Lage in der Landschaft sich (von jeher) befindet, sondern weil er selbst, die eingreifende Macht, diese Situation neu durch rechtliche Entscheidung, aus politischen Gründen, gerade erst geschaffen hat, dann droht ja ein wahrhaft eigentumsvernichtender Zirkel: Der Staat greift nicht unmittelbar in das Eigentum ein – hier müßte er unter Umständen entschädigen, wenn dies zu tief eindränge; er begnügt sich jedoch zunächst damit, die „Rahmendaten", etwa planerischer, baurechtlicher oder naturschutzrechtlicher Art, systematisch zu verändern – sodann präsentiert er sich mit ganz konkreten Eingriffen dem Eigentümer, und wenn dieser dagegen protestiert, erklärt er kurzerhand, es habe sich eben die Situation des Grundstücks geändert – er habe sie geändert. Letztlich läuft das, wie leicht einsichtig ist, nur auf einen „Umweg der Eigentumsbelastung" hinaus, überdies geradezu auf einen Anreiz zur „Salamitaktik", zu den kleinen Schritten auf leisen Sohlen, die ohnehin heute schon, in Gesetzgebung und Verwaltung, so beliebt sind. Sie erscheinen ja dann noch nicht, im einzelnen, als hinreichend „gezielt", so daß etwa der Eigentümer dagegen etwas unternehmen könnte – was sollte er denn etwa gegen die industrielle Entwicklung einer Gemeinde vorbringen? Wenn daraus dann aber mit einem Mal ganz konkrete, punktuelle Beschränkungen seines Beliebens abgeleitet und in der Weise gerechtfertigt werden, daß sich „die Situation" so geändert habe, so erfolgt, dogmatisch gesehen, etwas gänzlich Unzulässiges: Aus der angeblich gar nicht gegen das „Eigentum gezielten" Maßnahme wird nun mit einem Mal doch eine ganz harte Zielrichtung gegen den Eigentümer, ohne daß dieser darauf vorbereitet wäre oder damit hätte rechnen können.

Diese Gefahr droht jedenfalls dann, wenn man jede mit Rechtsmacht bewirkte Veränderung auch als eine Situationsveränderung begreifen will, wenn man also nicht den Schwerpunkt der Situationsgebundenheit in der natürlich-tatsächlichen Lage eines bestimmten Gutes sieht.

Hier beobachten wir nun dieselbe Mutation, die gleiche Ablösung von den ursprünglichen Begründungen der Situationsgebundenheit, welche bereits bei der zeitlichen Dimension festzustellen war. Ursprünglich ging die Judikatur eindeutig davon aus, daß die Situation durch die Natur des Grundstücks bestimmt sei, nicht etwa durch staatliche Regelung[21];

---

[21] BGHZ 23, S. 30 (33) – diese Entscheidung zeigt deutlich den Ausgangspunkt der gesamten Lehre von der Situationsgebundenheit.

jedenfalls dürfe sie nicht durch staatliche Regelungen allein geprägt sein[22].

Die staatlich gesteuerten oder beeinflußten Entwicklungen müßten also doch jedenfalls in einer größeren gesellschaftlichen Entwicklung aufgehen, in ihr eine gewisse Kontinuität erfahren haben, wollte man sie überhaupt bei einer so bestimmten Situationsgebundenheit berücksichtigen. Die Rechtsprechung hat dies auch erkannt, wenn sie meint, Planung möge zwar zur Konkretisierung der Situationsgebundenheit nötig sein[23], diese dürfe aber nicht allein auf Planung zurückzuführen sein[24].

Was die Planung anlangt, so ist in der Judikatur sogar erfreulicherweise noch immer eine klare Linie erkennbar: Sie darf durchaus, mit Wirkung auf die Situation, reagieren, nicht aber agieren: Soweit sie als (notwendige) Reaktion auf veränderte (allgemeinere) Verhältnisse erscheint, kann sie auch die Situationsgebundenheit beeinflussen[25]. Dabei muß aber stets die allgemein gebotene Abwägung stattfinden[26].

Bei Berufung auf vorangegangenes hoheitliches Handeln zur Bestimmung der Situationsgebundenheit des Eigentums ist also größte Zurückhaltung geboten. Keinesfalls schließt das Dazwischentreten einer hoheitlichen Maßnahme Entschädigung von vornherein aus[27,28]. Die Entwicklung der staatlichen Entscheidungen ist situationsrelevant, soweit sie sich als „gesellschaftsbegleitend" darstellt, nicht aber, wenn sie die außerrechtliche Entwicklung übermäßig forciert oder gar völlig diktiert.

So wird sich etwa beim Denkmalschutz, der durchaus nach den Grundsätzen der Situationsgebundenheit beurteilt wird[29], stets zunächst eine Wandlung der allgemeinen historisch-ästhetischen Auffassungen vollziehen müssen, bevor dies von der Staatsgewalt eigentumsbeschränkend ratifiziert werden darf. Sollte diese hier rücksichtslos „voranschreiten", so wäre schon die Legalität durch solche Übermaßentscheidung verletzt. Dasselbe ist hinsichtlich der optisch-ästhetischen Vorstellungen vom

---

[22] So der BGH immer wieder, vgl. etwa BGHZ 60, S. 145 (148); BGH NJW 1967, S. 1855 (1856); siehe auch BVerwGE 26, S. 111 (118).

[23] So das BVerwG, a. a. O., S. 119.

[24] Siehe etwa BGH LM Art. 14 (C e) GG, Nr. 15; vgl. BGH NJW 1964, S. 202.

[25] Vgl. dazu BGH NJW 1983, S. 1657; zur wasserwirtschaftlichen Planung *Ronellenfitsch*, M., VerwArch 1986, S. 177.

[26] Zutr. betont von *Weyreuther*, F., UPR 1981, S. 33 (37).

[27] Vgl. BGHZ 60, S. 126 (137).

[28] Vgl. BGHZ 60, S. 126 (137).

[29] Vgl. BGH JZ 1979, S. 98 (99); BGHZ 72, S. 211 (217/8); *Krohn/Löwisch*, a. a. O., Rdn. 95; *Papier*, H. J., *Maunz-Dürig*, GG, Art. 14, Rdn. 370 m. Nachw.

„Landschaftsbild" zu fordern[30]. Nicht was irgendwelche staatliche Entscheidungsträger unter dem Einfluß kontingenten politischen Drucks nun für richtig halten, braucht sich der Eigentümer immer schon im Namen der Situationsgebundenheit entgegenhalten zu lassen, sondern nur das, was sich im Schwerpunkt außerrechtlich entwickelt hat und insoweit von allgemeinerem gesellschaftlichen Konsens auf Dauer getragen ist.

In all diesen schwierigen Abwägungsfragen sollten sich die Richter übrigens mehr als bisher selbst doch noch sachkundig fühlen, und nicht einfach als Ratifizierungsinstanz gewisser Sachverständigengutachten fungieren. Dadurch nämlich würden sie die Aufgabe der Gerechtigkeitswahrung gegenüber den Eigentümern verfehlen, die sich auf die Meinung avantgardistischer Experten doch nicht einstellen konnten. Sicher kann eine Veränderung der „Bau- und Wohnungsgesinnung" der Allgemeinheit die Situation eines Eigentumsguts verändern[31]. Der Staat darf, muß dies vielleicht mit seinem Baurecht begleiten, insoweit konkretisiert er zulässig Situationsgebundenheit und damit Sozialpflichtigkeit. Auch eine allgemeine Industrialisierungsentwicklung in einer Gegend, welche ein nunmehr stadtnah gewordenes Grundstück mit neuartigen Verpflichtungen belastet, muß grundsätzlich als neue Situation hingenommen werden[32], mag der Staat dies auch durch seine Subventionen gefördert und dann als Hoheitsgewalt planungs- und baurechtlich ratifiziert haben. Insoweit kann eine Situation durchaus auch größerräumig betrachtet werden[33].

Eines aber muß immer beachtet werden: Man darf nicht mit einem Mal rechtlich diese Situation neu schaffen, sie dann dem Eigentümer entgegenhalten, nur um auf diese Weise die Entschädigungspflicht zu umgehen. Diese „Situation" ist ein „sozialer Bezug" im Sinne der Rechtsprechung des Bundesverfassungsgerichts, in ihr steht der Eigentümer primär nicht den politischen Entscheidungsinstanzen gegenüber, sondern der „Gesellschaft". Grundstücke und andere Eigentumsgüter stehen auch nicht in einer primär „rechtlichen Situation", die dann beliebig vom etwa umweltschützenden Staat verändert werden könnte. Dieser Staat muß sich vielmehr immer als Begleiter von Entwicklungen eines allgemeinen Bewußtseins legitimieren, die Situationsgebundenheit darf nicht durch „politische" Entscheidungen verändert werden, sie wären unbeachtliche „zufällige Veränderungen" aus der Sicht des Eigentümers[34].

---

[30] Dazu *Krohn/Löwisch*, Fn. 4, Rdn. 92.
[31] BGH NJW 1967, S. 1855 (1856).
[32] BGHZ 23, S. 30 (33).
[33] BayVGH BayVBl. 1984, S. 366.
[34] Einen solchen Fall behandelt BGHZ 60, S. 126 (134).

Gerade hier haben die sich häufenden kritischen Bemerkungen gegen den Begriff der Situationsgebundenheit, in dem unzulässig Feststellungen und Wertungen[35], Sein und Sollen[36] vermischt und nicht selten die „konkrete Situation" aus den Augen verloren werde[37], durchaus ihre Berechtigung. Die Situationsgebundenheit ist zwar nie reine Beschreibung, in ihr liegen Konstitutivwirkungen; die Sinnerfüllung des Begriffs im Einzelfall muß jedoch stets möglichst nahe an den tatsächlichen Vorgegebenheiten bleiben, von diesen als natürlichen und zugleich gesellschaftlichen Tatbeständen ausgehen. Situationsgebundenheit kann nur ihren guten Sinn behalten, wenn sie eine primär gesellschaftlich, nicht eine primär kontingent-politisch durch rechtliche Entscheidungen determinierte Kategorie bleibt.

Auch in diesem zentralen Punkt sind aber die Gefahren heute fast übermächtig: Aus jeder neuen umweltschützerischen Erkenntnis, aus jeder neuartigen Interessenbewertung, mag diese auch dem Eigentümer völlig unvorhersehbar gewesen sein, werden heute sofort situationsverändernde Folgerungen gezogen, dem Eigentümer damit Belastungen auferlegt, die mit der ursprünglichen Situation seines Grundstücks überhaupt nichts zu tun haben. Natürlich kann der Situationsbegriff nicht gegen jede technisch-naturwissenschaftliche Entwicklung gesperrt werden, die Gesellschaft muß nicht den gesamten Fortschritt den Eigentümern bezahlen. Eines jedoch ist ihr sicher versagt, was aber heute zunehmend versucht wird: daß unter Umwertung einer durchaus auch bisher schon als solcher bekannten tatsächlichen Lage nun eben gänzlich andere Akzente gesetzt, die Vorsorge nahezu ungemessen weit vorverlegt wird, wo man sich früher mit wesentlich zurückhaltenderen Eingriffen begnügt hat. Hier ist eine neue Lage entstanden, Gesetzgebung oder Verwaltung haben anders gewertet. Dies dürfen sie grundsätzlich, in der Bestimmung von Inhalt und Schranken des Eigentums. Sie können es jedoch nicht grenzenlos einfach unter dem Etikett der Situationsgebundenheit rechtfertigen; nicht die Situation hat sich ja geändert, sondern lediglich der politische Wille der Herrschenden. Dies aber ist gerade der große Unterschied, den man nie aus den Augen verlieren darf: Situationsgebundenheit versagt den Schutz gegenüber dem Tatsächlichen und seiner Entwicklung, nicht aber gegenüber dem Machtwillen eines Umwelt-, Natur- oder irgendeines anderen Schutzstaates. Neue Erkenntnisse muß sich der Eigentümer grundsätzlich entgegenhalten lassen, Entschädigung kann er

---

[35] Siehe *Gassner, E.,* NVwZ 1982, S. 165 (166); *Schmidt-Aßmann,* DVBl. 1973, S. 633 (634); *Papier, H. J., Maunz-Dürig,* GG, Art. 14, Rdn. 326 m. Nachw.; *Schink, A.,* AgrarR 1985, S. 185 (190).

[36] *Schink,* a. a. O.; *Gassner,* a. a. O., S. 167.

[37] *Schmidt-Aßmann,* a. a. O., S. 633.

dafür nicht erwarten, daß nun seine Lage besser bekannt sei. Wird sie jedoch durch politische Entscheidung bewertungsmäßig verändert, so greift der Grundrechtsschutz voll zu seinen Gunsten ein, von Situationsgebundenheit sollte nicht gesprochen werden.

Die Abgrenzungen mögen hier sehr schwierig sein, sie müssen aber versucht werden, denn anderenfalls wird erneut die Situationsgebundenheit überholt – durch jene allgemeine politische Gebundenheit an die Macht, die sie gerade nicht hat sein sollen.

Hier erreichen wir eine weitere Problematik der „Situation des Eigentums": Eigentlich müßte sie auch zugunsten des Eigentümers wirken, Eingriffe des Staates abwehren; doch dies ist nur sehr abgeschwächt der Fall. Eigentumsschutz wird nur bei Eingriffen in bereits verwirklichte oder „naheliegende" Nutzungen eines Gutes gewährt, nicht aber für solche, die nach der Lage nur „möglich" sind. Hier hat sich eine erhebliche Verengung vollzogen: Das Bundesverwaltungsgericht sieht nur dann einen entschädigungspflichtigen Eingriff, wenn eine Nutzung beschränkt oder untersagt wird, die „legal und in der gegebenen Situation des Grundstücks in einer Weise angelegt ist, die sich der darauf reagierenden Verkehrsauffassung als angemessen aufdrängt"[38]. Nur wenig zurückhaltender formuliert der BGH: Entschädigungspflichtig sei die Untersagung oder der wesentliche Eingriff in eine Nutzungsmöglichkeit nur, wenn sich diese nach der Lage und Beschaffenheit des Grundstücks objektiv anbiete[39].

Auf die Gefahr hin, daß keine Möglichkeit mehr besteht, diese eingeschliffenen Formeln noch zu ändern, mag es doch hier nochmals ausgesprochen werden: Dogmatisch sind alle diese Formulierungen nicht voll durchdacht. Jede Nutzungsmöglichkeit, die zu einem bestimmten Zeitpunkt einem Eigentümer legal eröffnet ist, gehört zum Inhalt seines Eigentums. Will der Staat sie nunmehr mit einem Mal verschließen, so ist dies ein Eingriff in das Eigentum, dieser muß darauf untersucht werden, ob er die Verfassungsschranken berücksichtigt, darf insbesondere nicht allzu tief gehen. Bei dieser Beurteilung aber kann es überhaupt keine Rolle spielen, wie naheliegend diese Möglichkeit ist, ob sie vom Eigentümer bereits genutzt wurde oder nicht. Für eine Prämierung der bereits ausgeübten Nutzung fehlt es an jedem dogmatischen Anhaltspunkt. Mein Eigentumsrecht gestattet es mir ebensowohl, von einer bestehenden Nutzungsmöglichkeit (noch) keinen Gebrauch zu machen, als diese sogleich zu realisieren. Die gegenteilige Auffassung würde den Eigentümer zu einem insgesamt volkswirtschaftlich sinnlosen Aktionismus verpflichten.

---

[38] Vgl. etwa BVerwGE 55, S. 272; BVerwG NJW 1976, S. 765 (767).
[39] BGHZ 30, S. 338 (342/3); 60, S. 126 (137 f.); BGH NJW 1980, S. 2299 (2300); BGHZ 77, S. 351 (354); BGHZ 87, S. 66 (72/3) std. Rspr.

18

Der Eigentümer, der freie Bürger ist auch keineswegs gehalten, lediglich von den Möglichkeiten seiner Freiheit Gebrauch zu machen, die sich einem Richter gerade „aufdrängen". Die Freiheit gibt die Möglichkeit, alles zu tun, was das Gesetz gestattet, nicht nur das, was nahe liegt oder sich aufdrängt. Derartige Kategorien, weiter fortgedacht oder hochgerechnet, wären das Ende jeder Freiheit überhaupt. Sie dürfen also auch im Eigentumsrecht nicht von Bestand sein; das mag hier mit aller Härte, die aber unumgänglich ist, gesagt werden.

Ob also eine Nutzung naheliegt oder nicht, ob sie sich gar aufdrängt, ist für die Eigentumsdogmatik völlig gleichgültig. Entschädigung kann davon nicht abhängig gemacht werden. Die einzig mögliche Betrachtungsweise ist vielmehr die folgende: Welche (anderen) Nutzungsmöglichkeiten hat der Eigentümer, wenn ihm die in Frage stehende verschlossen wird? Wenn ihm die anderen Möglichkeiten ohne weiteres als ebensowenig belastend, als ebenso lukrativ zuzumuten sind, so ist dies beachtlich für die Beurteilung der Schwere des Eingriffs, die dann unter Umständen eben nicht so weit geht, wie wenn gerade jene Möglichkeit genommen wird, die die einzige ist. Dies aber sind im Ergebnis gänzlich andere Kategorien als die des „Naheliegens" oder gar „Sich-Aufdrängens", mag auch im Ergebnis damit häufig dasselbe Ergebnis erreicht werden können. Eine Gefahr besteht jedenfalls beim Einsatz der hier geforderten Kategorien nicht: daß nämlich der Richter in beliebiger, ja in willkürlicher Weise bestimmen kann, was nun „naheliegt". Dies nämlich ist die Entscheidung des Eigentümers allein.

Und nun noch einige Worte zu einer großen Gefahr, welcher das Eigentum durch den Begriff der Situationsgebundenheit zunehmend ausgesetzt wird: daß hier der „vernünftige" Richter den „vernünftigen" Eigentümer nicht nur ein-, sondern überholt.

Die Situationsgebundenheit seines Gutes wird dem Eigentümer in der Judikatur in einer ganz besonderen Weise entgegengehalten: Als „vernünftiger Eigentümer" habe er selbst die situationsbedingten Grenzen seines Eigentums erkennen müssen, wenn ihn der Staat also zu deren Einhaltung zwinge, so geschehe ihm schon deshalb kein Unrecht, weil er damit nur von seiner Unvernunft abgebracht werde[40]. Daß es ein letztes Vernünftigkeitskriterium im Recht geben kann, und daß selbstverständlich der einzig letztlich Vernünftige dann der Richter ist – all dies steht außer Zweifel, mag man auch nicht selten Gelegenheit haben, darüber zu lächeln; eine solche rule of reason gibt es eben in allen menschlichen Beurteilungsfällen.

---

[40] Siehe für viele BGHZ 30, S. 338 (344); 48, S. 193 (196).

Nun ist aber Vorsicht geboten bei der Bestimmung dessen, was denn nun „vernünftig" sein soll. Es darf nicht der Begriff der „Vernünftigkeit" zu einem stark freiheitseinschränkenden allgemeinen Gesetzes- oder gar Verwaltungsgerichtsbarkeitsvorbehalt werden. Auszugehen ist vielmehr von einem Grundsatz: Die Vernünftigkeit des Freiheitsgebrauchs bestimmt prinzipiell der freie Bürger selbst, nicht irgendeine Staatsgewalt. Wir anerkennen weder das Diktat des besseren Wollens noch des besseren Wissens in unserem freien Staat. Mit Recht überläßt also unser bürgerliches Recht dem Eigentümer den begrifflich nicht beschränkten Gebrauch seines Eigentums – bis hin zu völlig sinnlosen Zerstörung eines Gutes[41]. Vorsicht ist daher schon von vorneherein geboten, wenn man nun mit einem Mal im Eigentums-Entschädigungs-Recht nurmehr den „vernünftigen" Eigentumsgebrauch zulassen will: Was der Eigentümer unvernünftig zerstören darf, dessen Gebrauch kann er sich auch entschädigen lassen, selbst wenn der Gebrauch unvernünftig ist, er diesen aber eben will.

So weit ist allerdings die Rechtsprechung nie gegangen, und man wird ihr insoweit folgen können, als eben ein Eingriff dann nicht „tief" ist, wenn er nur unvernünftige Nutzungsmöglichkeiten verschließt[42]. In der Tat sollte der Eigentümer nicht für Eingriffe entschädigt werden, die auch, ja sogar vorrangig, seinem eigenen Schutz dienen, so etwa bei übermäßiger Artenverarmung, die auch für die Landwirtschaft Gefahren bringt[43]. Die Erhaltung von Streuwiesen ist eben auch nicht nutzlos für einen größeren Besitz[44]. Die gesamte Rechtsprechung zur Vorteilsausgleichung ist daher vom Ansatz her durchaus sachgerecht, wird sie auch nicht selten zugunsten des Staates und um dessen Beutel zu schonen übersteigert.

Eine andere und nicht ungefährliche Dimension der „Vernünftigkeit", welche vom Eigentümer verlangt wird, ist aber dann erreicht, wenn ihm im Namen der Situationsgebundenheit seines Gutes aufgegeben wird, als „vernünftiger Eigentümer" müsse er eben auch „Rücksicht auf die Allgemeinheit nehmen", das „Allgemeinwohl nicht aus den Augen verlieren"[45]. Solche Formulierungen scheinen unproblematisch; doch der Eigentümer handelt nicht dann vernünftig, wenn er sich dem staatlichen Zwang beugt;

---

[41] *Soergel-Siebert/Baur,* BGB, Sachenrecht, Bd. 5, 11. Aufl. 1978, Rdn. 2 zu § 903 BGB; *Staudinger/Seufert,* Komm. zum BGB, 11. Aufl. 1956, Rdn. 23 a zu § 903 BGB; *Erman/Hagen,* BGB Handkomm., 7. Aufl. 1981, Rdn. 1 zu § 903 BGB.
[42] So für viele BGHZ 60, S. 126 (133); BGH NJW 1967, S. 1855 (1856); BGH NJW 1977, S. 945; JZ 1979, S. 98 (100); NJW 1980, S. 2299 (2300); BayVBl. 1985, S. 219 (220).
[43] *Knauber, R.,* UPR 1986, S. 9 (16).
[44] Dies berücksichtigt sachgerecht BVerwGE 67, S. 93 (98).
[45] BGHZ 60, S. 126 (131); BGH NJW 1977, S. 945 (946); BGH BayVBl. 1985, S. 219 (226).

Vernünftigkeit verlangt von ihm nicht, daß er den staatlichen Interessen den Vorrang einräumt, er kann von den eigenen ausgehen. Sache des „vernünftigen" Richters ist es dann, diese Interessen mit den seinen in einen angemessenen Ausgleich zu bringen. Der Versuch jedoch, in dem Begriff der „Vernünftigkeit" eine „Von-vorneherein-Harmonisierung" zwischen öffentlichen und privaten Belangen zu finden, darf die Gegensätze nicht verdecken. Unser gesamtes Rechtssystem baut, gerade im öffentlichen Recht, auf dem Gegensatz zwischen privaten und öffentlichen Interessen auf, diesen gilt es nicht wegzueskamotieren, sondern klar zu sehen und sodann angemessen auszugleichen. Wenn die staatlichen Interessen so hochrangig, so übermächtig sind, daß die Eigentümerinteressen vor ihnen zurücktreten müssen, so mag dies so entschieden werden; es ist dann aber auch in dieser Form zu begründen und nicht damit, daß der Eigentümer ja eigentlich auch das hätte wollen müssen, was der Staat von ihm verlangt. Weiter fortgedacht wäre dies nichts als die unhaltbare Fiktion, daß die unterlegene Minorität im Grunde ja eigentlich für die Mehrheit hätte stimmen müssen, wäre sie vernünftig gewesen. Vernünftig ist vielmehr der Eigentümer stets dann, wenn er seine eigenen Interessen gegen den Staat vertritt und durchzusetzen versucht, dies ist die Grundlage einer freiheitlichen Demokratie. Vernünftigkeit in der Berücksichtigung des Gemeinwohls wird dann nach Art. 14 Abs. 2 GG von ihm verlangt, wenn der Richter gegen ihn entscheidet und er diesen Richterspruch hinzunehmen hat, sonst nicht. Die Situationsgebundenheit darf nicht ein begriffliches Vehikel dafür werden, daß der Eigentümer „schon mit Blick auf sein Gut dem Staat entgegenkommen muß".

Unsere Eigentums-Entschädigungs-Dogmatik geht, das sei hier ausdrücklich betont, nicht davon aus, daß immer Eingriffe aufgrund besonders hochrangiger Staatsinteressen entschädigungslos zu dulden seien, die Entschädigungspflicht ist vielmehr nicht mit Blick auf den Staat und seine Interessen, sondern allein auf die Interessen des Eigentümers zu beurteilen, was nicht selten in einer unklaren Abwägung zwischen öffentlichem und privatem Interesse verlorengeht, die aber im Entschädigungsrecht keinerlei Berechtigung hat. Hier kommt es lediglich darauf an, wie tief der Staat eindringt. Geht er zu weit, so hat er zu entschädigen, aus welchen Gründen immer er glaubt, so handeln zu müssen. Führen seine Eingriffe nicht so tief in das private Eigentum hinein, so hat er auch dann nichts zu bezahlen, wenn die öffentlichen Interessen, zu deren Wahrung sie geschehen, nicht allzu gewichtig erscheinen, wenn sie nur überhaupt noch bejaht werden können. Verhältnismäßigkeit ist eine Kategorie der Legalität, nicht der Bestimmung der Enteignungsentschädigung. Diese Grundlagen unserer Eigentumsdogmatik sollten nicht im Namen der Situationsgebundenheit verändert werden.

Wie gesagt sollte also nicht der „vernünftige" Eigentümer vom „vernünftigen" Richter überholt werden, im Namen des hier kritisch betrachteten Begriffs der Situationsgebundenheit. Sonst käme es am Ende dahin, daß nicht nur die Situation des Eigentumsguts, sondern auch noch die Situation des Eigentümers, seine Vernünftigkeit, vielleicht gar noch seine Vernunft, vom staatlichen Richter bestimmt werden würde.

Der Ausblick nach diesen durchaus kritisch gemeinten Bemerkungen ist aber nicht lediglich negativ. Von Situationsgebundenheit des Eigentums sollte auch in Zukunft gesprochen werden, nur eben in der Weise, wie es, vom Buchendom-Urteil angefangen, ursprünglich gemeint war: Rücksichtnahme auf die seit langem bestehende, vor allem aus der tatsächlichen Entwicklung sich ergebende Lage eines Eigentumsgutes, welche auch der Eigentümer zu berücksichtigen hat, und dies mag ihm dann auch als einem „Vernünftigen" abverlangt werden können – nicht aber ein Sich-Unterwerfen im Namen der Vernünftigkeit unter irgendwelche Vernunftdiktate einer Staatsgewalt, welche nur nach politischem Belieben die Eigentumsordnung verändern möchte.

Deshalb ist Vorsicht auch geboten bei einer „in aller Regel-"Anwendung eines solchen Begriffes, insbesondere im neueren Umweltschutz. Die Urteile unserer oberen und obersten Gerichte dürfen sich nicht zu einem Labyrinth bequemer Brückenbauten aus allgemeinen Floskeln entwickeln, unter die dann beliebig die Entscheidungen subsumiert werden können. Großformeln, die ganze Rechtsbereiche abdecken könnten, sie gegen die Freiheit sperren – die gibt es eben nicht, sie sollten auch gar nicht gesucht werden. Gefordert sind weit feinere, speziellere Kategorien bildende Subformeln, nicht derartige Keulenformulierungen, wie sie mit dem Wort von der Situationsgebundenheit den Bürger eben doch letztlich bedrohen. Mag uns hier das klassische Zivilrecht als Beispiel dienen: Wie sorgfältig abwägend haben doch hier die Richter versucht, zahllose Sub-Begrifflichkeiten zum BGB zu entwickeln, sie immer weiter zu verfeinern. Wir sollten im öffentlichen Recht – um das es ja hier doch geht – nicht im Namen der Verfassung in immer weitere, letztlich eben doch nur – Vergröberungen unserer dogmatischen Begrifflichkeit ausweichen.

Davor sollte heute an diesem Beispiel gewarnt werden, durchaus provokativ und anti-quietistisch. Doch allzu große „Gefahr" droht ja nicht – haben sich die Gerichte nicht schon gut eingerichtet in dieser – Situation?

Schriftenreihe der Juristischen Gesellschaft zu Berlin

ISBN 3-11-012543-9

.